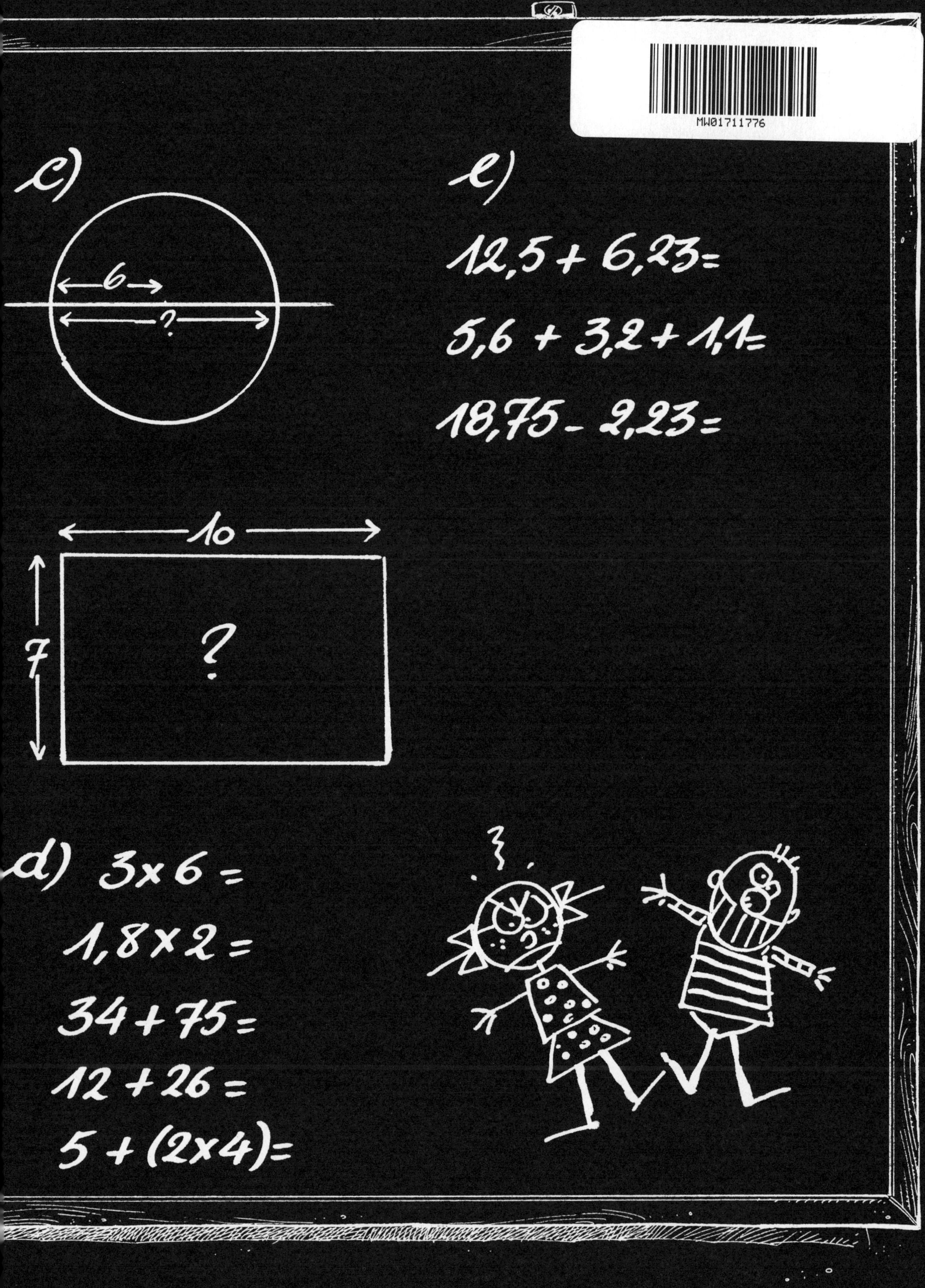
c)
6
?
10
7
?
e)
12,5 + 6,23 =
5,6 + 3,2 + 1,1 =
18,75 - 2,23 =
d) 3 x 6 =
1,8 x 2 =
34 + 75 =
12 + 26 =
5 + (2 x 4) =

Godi + Zidrou

L'élève Ducobu

Couleurs:
Véronique Grobet

LE LOMBARD

DÉCOUVRE VITE LE GUIDE DUCOBU DE L'ÉCOLE
POUR PRÉPARER LA RENTRÉE.
MÊME LES CANCRES VONT L'ADOR~~É~~ er !

D/2003/0086/289
ISBN 978-2-8036-1886-6

R 09/2008

Dépôt légal : Août 2003
Imprimé en Chine en août 08
par Book Partners China Ltd

LES EDITIONS DU LOMBARD
7, AVENUE PAUL-HENRI SPAAK
1060 BRUXELLES - BELGIQUE

www.lelombard.com

0/10
L'élève Ducobu
VOYONS VOIR QUI NOUS ALLONS INTERROGER CE MATIN...
CLASSE DE MONSIEUR LATOUCHE
GRATIN !
GLUBS !
HA! HA! HA! HA! HA!
COMBIEN FONT 6x7 ?
EUH !... 42 ?
NAOON !
COMBIEN DE FOIS FAUDRA-T-IL VOUS LE RÉPÉTER, GRATIN ? 6x7 FONT TOUT CE QUE VOUS VOULEZ MAIS PAS 42 !
ON COMMENCE PAR DONNER UNE BONNE RÉPONSE ET PUIS, ON FINIT PAR... PAR RÉUSSIR SON ANNÉE SCOLAIRE !
Hoooooooo !
REPRENONS : 6x7 ?
31,7 !
VOILÀ QUI EST MIEUX !
3x4 ?
1,977 323,702
PARF... ?
C'EST À CETTE HEURE-CI QUE VOUS ARRIVEZ ?
OUI, M'SIEUR ! MON PÈRE N'A PAS ENTENDU LE RÉVEIL PARCE QUE CELUI-CI A ÉTÉ ÉCRABOUILLÉ HIER SOIR PAR UN TANK QUE L'ARMÉE AVAIT ENVOYÉ POUR S'OPPOSER AUX FORCES MARTIENNES QUI AVAIENT ENVAHI NOTRE MAISON SUITE AUX...
TRÈS BIEN, MON BON DUCOBU ! CELA VOUS FERA UN 10 SUR 10 EN "PONCTUALITÉ TOUTE RELATIVE ET EXCUSES TIRÉES PAR LES CHEVEUX." VOUS POUVEZ ALLER VOUS ASSEOIR EN TRAÎNANT LES PIEDS.
UN PEU PLUS DE BRUIT, S'IL VOUS PLAÎT ! NOUS ALLONS PASSER À LA LEÇON DE GRAMMAIRE.
POIL AU DERRIÈRE !
HA! HA! HA! HA!
326a
SUITE

QUI A DIT CELA ?
Moi, M'SIEUR !
AH ! AH ! "POIL AU DERRIÈRE !" EXCELLENT, MON BON DUCOBU ! UN RIEN TENDANCIEUX. JUSTE CE QU'IL FAUT.
JE VOUS METS 10 SUR 10 EN "CHAHUTS ET JEUX DE MOTS STUPIDES" !
... OR DONC, LE PARTICIPE PASSÉ S'ACCORDE EN GENRE ET EN NOMBRE AVEC... ?
PUIS-JE VOUS DEMANDER CE QUE VOUS FAITES, GRATIN ?
BEN, J'ÉCOUTE ATTENTIVEMENT VOTRE LEÇON, MONSIEUR.
ELLE ÉCOUTE MA LEÇON !
SPOM !
HA ! HA ! HA ! HA ! HA ! HA ! HA, HA ! HA !
MAIS BOUGRE D'INTELLECTUELLE, VOUS DEVEZ FAIRE N'IMPORTE QUOI - RÊVASSER, LIRE UNE BÉDÉ, VOUS COUPER LES ONGLES... - N'IMPORTE QUOI SAUF ÉCOUTER MA LEÇON !
PRENEZ DONC EXEMPLE SUR VOTRE VOISIN, CE BON DUCOBU !
VOILÀ UN GARÇON QUI N'IRA NULLE PART !
CAR NE L'OUBLIEZ JAMAIS : ÊTRE MAUVAIS UN JOUR, C'EST À LA PORTÉE DU PREMIER VENU. MAIS ÊTRE MAUVAIS TOUTE SA VIE, VOILÀ QUI N'EST DONNÉ QU'AUX MEILLEURS !
À PRÉSENT, PRENEZ VOTRE CAHIER DE DICTÉES.
ET GARE À CELUI QUI NE TRICHE PAS SUR SON VOISIN !
DICTÉES
LES MEILLEURES BLAGUES DE TOTO
POIL AU BASSIN !
HA ! HA ! HA ! HA ! HA ! HA !
LAISSEZ-LE DORMIR ENCORE UN PEU, MONSIEUR LATOUCHE ! LE RÊVE QU'IL FAIT SEMBLE TELLEMENT MERVEILLEUX !...
326b

L'élève Ducobu
12×24=288
4×7=28
7×7=49
12×3=36
6×7=42
5×9=45
9×8=72
6×5=30
OH! VOUS AVEZ VU, CHÈRE VOISINE? UNE ÉNORME GUÊPE!
OÙ ÇA?
LÀ! JUSTE AU-DESSUS DE LA PORTE!
JE N'AI JAMAIS VU UNE GUÊPE AUSSI GROSSE!
AU-DESSUS DE LA PORTE? JE NE VOIS RIEN!
VOUS N'AVEZ PAS LES YEUX EN FACE DES TROUS OU QUOI?
JE T'ASSURE, DUCOBU: JE NE VOIS PAS LA MOINDRE GUÊPE.
ATTENDEZ QU'ELLE BOUGE!
IL N'Y A PAS MOYEN DE LA LOUPER: ELLE EST MONSTRUEUSE!
ATTENTION ÉCOLE!
OH! TU AS VU, MAMAN? UNE ÉNORME GUÊPE!
!
308

0/10
L'élève Ducobu
QUE CES MENUS TRAVAUX DE RÉFECTION DANS LE COULOIR NE NOUS EMPÊCHENT PAS DE PRATIQUER NOS TRADITIONNELLES ABLUTIONS MATINALES...
POK!
POK!
POK!
DUCOBU, AU TABLEAU!
JE VOUS ÉCOUTE, DUCOBU: COMBIEN FONT 2x2?
POK! POK! POK! POK!
4?
?
EUH!...BIEN! FORT BIEN!
ET 1x5?
POK! POK! POK! POK! POK!
5, SI JE NE M'ABUSE!
MAIS C'EST FANTASTIQUE, DUCOBU!
PLUS DIFFICILE À PRÉSENT: 6x7?
POK! POK! POK! POK! POK! POK! POK!
6x7 AVEZ-VOUS DIT?
POK! POK! POK! POK! POK! POK!
LAISSEZ-MOI RÉFLÉCHIR!...
POK! POK! POK! POK! POK! POK! POK!
6x7... 6x7...
EH BIEN, DUCOBU? NOUS N'ALLONS PAS Y PASSER TOUTE LA JOURNÉE! VOTRE RÉPONSE?
POK! POK! POK! POK! POK! POK! POK!
UN INSTANT! UN INSTANT! JE L'AI SUR LE BOUT DE L'OREILLE...
ENFIN! JE VEUX DIRE...
ÇA NE MARCHE QUE POUR LES PETITES RÉPONSES TON TRUC!
OUI, BON. N'ENFONCE PAS LE CLOU, VEUX-TU?
310

0/10
L'élève Ducobu
UNE FOIS DE PLUS NOUS ALLONS NOUS ATTAQUER À VOTRE ASCENSION PAR LA FACE NORD DE L'EVEREST À VOUS : LES TABLES DE MULTIPLICATION !
MAIS AVANT CELA, SI VOUS LE PERMETTEZ, UNE PETITE PRÉCAUTION...
QUE ?... JE M'INSURGE ! CETTE ARRESTATION EST UN VÉRITABLE DÉLIT DE FACIÈS !
9x9=81
7x4=28
7x5=35
8x8=64
GLUPS ! ...JE... VOUS ÊTES CERTAIN QU'IL N'Y A PAS DE FANTÔME DANS CETTE ARMOIRE ?
WIF ! WIF !
PFFF ! SI ON NE PEUT PLUS TRICHER, CE N'EST PAS DU JEU !
BON. JE VOUS ÉCOUTE, DUCOBU : COMBIEN FONT... PAR EXEMPLE... 6x7 ?
LA MÊME CHOSE QUE 7x6, JE SUPPOSE...
MAIS ENCORE ?...
EUH !... 43 ?
NON ! 42 !
VRAIMENT ? VOUS AVOUEREZ QUE, CETTE FOIS, JE NE SUIS PAS TOMBÉ LOIN !
« PAS TOMBÉ LOIN » ?
BEN OUI ! 42... 43... VOUS N'ALLEZ PAS CHIPOTER POUR SI PEU !
ALLEZ QUOI ! VOUS POUVEZ FAIRE UN PETIT GESTE TOUT DE MÊME ! HMMM ?
CLIGNE ! CLIGNE !
JE VOUS METS -1 POUR TENTATIVE DE CORRUPTION DE FONCTIONNAIRE.
-1... 0... VOUS N'ALLEZ PAS CHIPOTER POUR SI PEU !
CELA DEVIENT DE PLUS EN PLUS DUR DE GAGNER SA CROÛTE !
325

0/10
L'élève Ducobu
0/10
2 x 9 = 18
5 x 3 = 15
9 x 6 = 54
6 x 7 = 42
? x ? = ???
JE TE PRÉVIENS, DUCOBU: L'ASTRONOMIE EN PLEIN JOUR, C'EST UN PEU COMME LE BRONZAGE EN PLEINE NUIT: DÉCEVANT.
HMMM? OH! MAIS CE NE SONT PAS LES ASTRES QUE J'OBSERVE, CHÈRE VOISINE.
JE SCRUTE LE CIEL À LA RECHERCHE D'UN QUELCONQUE MESSAGE QU'UNE INTELLIGENCE EXTRATERRESTRE ESSAIERAIT DE NOUS ENVOYER!
UNE?...
L'UNIVERS EST PEUPLÉ DE CIVILISATIONS EXTRATERRESTRES QUI CHERCHENT À ENTRER EN CONTACT AVEC NOUS. ET MOI, DUCOBU, JE SERAI LE PREMIER À COMMUNIQUER AVEC ELLES!
PAUVRES PETITS ZITIS!
SCRUTE, SEULEMENT, DUCOBU! SCRUTE!
OH! LÀ! ON DIRAIT!... MAIS OUI! UN MESSAGE! VITE! IL FAUT QUE J'EN PRENNE NOTE!
PENDANT CE TEMPS, AU MOINS, TU NE SONGES PAS À COPIER SUR MOI!...
CE MESSAGE CHIFFRÉ NE PEUT AVOIR ÉTÉ ÉMIS QUE PAR UNE INTELLIGENCE SUPÉRIEURE.
324

L'élève Ducobu
6x7 ?
EUH !... 42 ?
À POUF. COMME ÇA.
EXACT !
PA... PARDON ?
J'AI DIT "EXACT." C'EST UN MOT D'USAGE PEU USUEL AVEC VOUS, DUCOBU, QUI SIGNIFIE QUE VOTRE RÉPONSE EST CORRECTE.
MAIS ! MAIS !... C'EST FABULEUX ! POUR LA PREMIÈRE FOIS DE MA VIE, J'AI DONNÉ LA BONNE RÉPONSE.
UN COUP DE CHANCE, JE VOUS L'ACCORDE. MAIS LES AMÉRIQUES N'ONT-ELLES PAS ÉTÉ, ELLES AUSSI, DÉCOUVERTES PAR HASARD ?
JE SUIS LE CHRISTOPHE COLOMB DES TABLES DE MULTIPLICATION !
PLUS TARD, ON ME DÉDIERA DES STATUES, DES PLACES, DES... DES NAVETTES SPATIALES !
OUI, BON. N'EN RAJOUTEZ PAS TOUT DE MÊME !
PASSONS PLUTÔT À UN DEUXIÈME CALCUL.
3x
PAR PITIÉ ! NON ! NE GÂCHEZ PAS MON BONHEUR !
LE JOUR OÙ CHRISTOPHE COLOMB A DÉCOUVERT LES AMÉRIQUES, ON NE LUI A PAS DEMANDÉ DE DÉCOUVRIR L'OCÉANIE DANS LA FOULÉE.
À CHAQUE JOUR SUFFIT SON ÉVÉNEMENT HISTORIQUE !
SOIT ! JE SERAI BON JOUEUR ET VOUS ACCORDE UN 10 D'ENCOURAGEMENT, DUCOBU.
MERCI, Ô INFATIGABLE BOUSSOLE, QUI SÛTES À TRAVERS LE VASTE OCÉAN DE MON IGNORANCE, GUIDER MA CARAVELLE JUSQU'À CES TERRES BÉNIES DES DIEUX !
PFFFUI ! ON L'A ÉCHAPPÉ BELLE !
OUI, JE NE DISPOSE ENCORE QUE DES T-SHIRTS AVEC LES RÉPONSES DE LA TABLE DE 6.
6X7
42
6x9
54
323

0/10
L'élève Ducobu
6x7=
FORT BIEN, DUCOBU ! CELA VOUS FERA UN ZÉRO DE PLUS...
VOUS ME RECOPIEREZ VOS TABLES 100 FOIS.
... NI LOI ! HI ! HI !
7x2 = 1236
C'EST TOUT L'EFFET QUE ÇA VOUS FAIT ?
OH ! VOUS SAVEZ, LES PUNITIONS, C'EST COMME LES CHEVEUX GRIS : IL ARRIVE UN MOMENT OÙ ON NE LES COMPTE PLUS !
RENDEZ-VOUS COMPTE, MADAME LA DIRECTRICE : CE CANCRE NE CONNAÎT AUCUNE DE SES TABLES DE MULTIPLICATION !
VOYONS ! IL DOIT QUAND MÊME BIEN CONNAÎTRE SA TABLE DE 1 !?
RIEN, VOUS DIS-JE ! LE SAHARA ! LE VIDE INTERGALACTIQUE ! LE BUDGET DE L'ÉDUCATION NATIONALE !
NE VOUS DÉRANGEZ PAS POUR MOI ! JE NE FAIS QUE PASSER.
SALLE DES PROFESSEURS
?!
?
QU'EST-CE QUE VOUS FAITES ICI, DUCOBU ?
JE SAIS ! C'EST LA SALLE DES PROFESSEURS ! N'ALLEZ PAS CROIRE QUE JE PACTISE AVEC L'ENNEMI, MAIS C'EST ICI QUE SE TROUVE LA SEULE PHOTOCOPIEUSE DE L'ÉCOLE, ALORS...
LA... LA PHOTOCOPIEUSE ?
VOUS M'AVEZ BIEN DEMANDÉ DE COPIER 100 FOIS LES TABLES DE MULTIPLICATION, NON ?
EH BIEN, VOICI VOS 100 COPIES !
CIAO, LES SALAIRES DE MISÈRE !
REPRENEZ-VOUS, MON BON LATOUCHE ! APRÈS TOUT, IL NE RESTE PLUS QUE 300 JOURS AVANT LA FIN DE L'ANNÉE SCOLAIRE !
309

0/10
L'élève Ducobu
3 x 6 = 18 5 x 4 = 20 6 x 9 =
6 x 7 = 42 7 x 8 = 56 9 x 9 =
8 x 5 = 40 5 x 5 = 2 x 8 =
CETTE FOIS, DUCOBU, J'EN AI MARRE ! MARE À CANARDS ! NARGUILÉ ! IL EST NÉ LE DIVIN ENFANT ! FANDANGO ! GO TO HELL !
LA SEULE RAISON POUR LAQUELLE TU T'ASSIEDS À MES CÔTÉS, C'EST POUR TRICHER SUR MOI !
HÉ ! LE BON PÊCHEUR SE RECONNAÎT À SA FACULTÉ DE CHOISIR LE COIN LE PLUS POISSONNEUX !
TU NE PEUX DONC PAS ÉTUDIER COMME TOUT LE MONDE !?!
QUEL TERME BARBARE AVEZ-VOUS EMPLOYÉ ?
« É...TU...DIER » ?
TIENS ! VOILÀ UN EXCELLENT OUVRAGE D'INITIATION AUX MATHÉMATIQUES !...
!
UN LIVRE DE VULGARISATION SCIENTIFIQUE !... UN ATLAS !... UNE ENCYCLOPÉDIE EN 13 VOLUMES !... UN PRÉCIS DE GRAMMAIRE FRANÇAISE !... LA MÉTHODE AMISSIL POUR APPRENDRE L'ANGLAIS ! DES DICTIONNAIRES DE...
!
À PRÉSENT, INSTRUIS-TOI ET LAISSE-MOI « DIX-SUR-DISSER » EN PAIX !
VOUS AVIEZ RAISON, CHÈRE VOISINE...
RIEN DE TEL QUE DE SOLIDES OUVRAGES DE RÉFÉRENCE POUR PARFAIRE SES CONNAISSANCES !
?!?
330

L'élève Ducobu
J'AI ÉTUDIÉ UNE TABLE DE MULTIPLICATION !
TONNERRE, DUCOBU ! PRÉVENEZ AVANT DE ME DONNER DES ÉMOTIONS PAREILLES !
Toc! Toc!
VOUS AVEZ ÉTUDIÉ UNE TABLE DE MULTIPLICATION, VOUS ?
PAR CŒUR !
ET QUELLE EST L'HEUREUSE ÉLUE ? LA TABLE DE 7 ? LA TABLE DE 8 ? LA TABLE DE 9 ?
EUH !... J'EN AI CHOISI UNE UN PEU PLUS FACILE POUR COMMENCER.
LA TABLE DE ZÉRO.
1 X 0 = 0
2 X 0 = 0
3 X 0 = 0
4 X 0 = 0
5 X 0 = 0
6 X 0 = 0
7 X 0 = 0
8 X 0 = 0
9 X 0 = 0
ET 10 X 0 = ..
0
OUI, ON SAIT !
VOILÀ UN EXPLOIT QUI MÉRITE UNE RÉCOMPENSE À LA HAUTEUR DES EFFORTS INHUMAINS CONSENTIS !
LA DERNIÈRE FOIS VOUS AVEZ EU 0. EH BIEN, CETTE FOIS JE VOUS DONNE 1000 FOIS PLUS !
JE VOUS LAISSE FAIRE PAR VOUS-MÊME LE CALCUL À PRÉSENT QUE VOUS ÊTES DEVENU INCOLLABLE SUR LA TABLE DE 0 !...
EH ! MAIS ATTENDS ! 1000 X 0, ÇA FAIT TOUJOURS...
OUI, BON. CHANGEONS DE SUJET, VEUX-TU ?
MUT! MUT! MUT!
289

L'élève Ducobu
AUJOURD'HUI, NOTRE LEÇON D'OBSERVATION PORTERA SUR LE COCHON D'INDE...
COMME VOUS POUVEZ LE CONSTATER, LE COCHON D'INDE EST UN RONGEUR QUI...
MONSTRE!
CELA NE VOUS SUFFIT DONC PAS DE RETENIR PRISONNIERS DES DIZAINES D'ENFANTS INNOCENTS?
IL FAUT EN PLUS QUE VOUS TOURMENTIEZ CE PAUVRE PETIT REPTILE?
CELA VOUS PLAIRAIT, À VOUS, DE VIVRE ENFERMÉ DANS UNE CAGE AVEC POUR TOUT LOISIR UNE PETITE CLOCHETTE?
CE PAUVRE ANIMAL N'A MÊME PAS DROIT À UN MINIMUM D'INTIMITÉ.
ON SE CROIRAIT DANS UNE ÉMISSION DE « REALITY TIVI » DE LA PIRE ESPÈCE!
JE VOUS LE DIS TOUT NET: TROUVEZ-VOUS UN AUTRE COBAYE QUE CE MALHEUREUX COCHON D'INDE POUR VOTRE SÉANCE DE VOYEURISME!
Couic!
AUJOURD'HUI, NOTRE LEÇON D'OBSERVATION PORTERA SUR L'ÂNE...
...ET RANCUNIER AVEC ÇA!
312

0/10
L'élève Ducobu
PARDON, MONSIEUR LATOUCHE ! J'AI SOIF. JE PEUX SORTIR DE CLASSE POUR ALLER BOIRE ?
MAIS BIEN SÛR. FAITES, DUCOBU !
MERCI, M'SIEUR !
ÉCOLE SAINT POTACHE
Le Aujourd'hui
PRÉVERT POÉSIES
ET IL T'A PUNI SIMPLEMENT PARCE QUE TU ÉTAIS ALLÉ BOIRE ?!? MAIS C'EST SCANDALEUX !
DE VÉRITABLES FORÇATS DU TRAVAIL, VOILÀ CE QUE NOUS SOMMES !
313

0/10
L'élève Ducobu
Quelle belle cueillette nous fîmes : quelques hyménomycètes, des hypholomes, des helvelles, des géasters fimbriés, de
Toc! Toc!
MADAME LA DIRECTRICE ?
EXCUSEZ-MOI D'INTERROMPRE VOTRE LEÇON, MONSIEUR LATOUCHE, MAIS J'AI UNE NOUVELLE IMPORTANTE À VOUS ANNONCER.
!
ALLEZ-Y, MON BON LATOUCHE! JE TIENDRAI VOTRE CLASSE.
AH! AH! SUR LA TOUCHE, LE LATOUCHE!
Rik
QU'EST-CE QU'IL A?
ON... ON DIRAIT QU'IL PLEURE!
PLEURER. LUI ?!? CELA M'ÉTONNERAIT BEAUCOUP!
IL A DÛ RECEVOIR UNE CONTRAVENTION PARCE QU'IL AVAIT ENCORE GARÉ SA VOITURE COMME UN PIED, VOILÀ TOUT!
Rik
LES ENFANTS, J'AI UNE BIEN TRISTE NOUVELLE À VOUS ANNONCER...
« UNE BIEN TRISTE NOUVELLE »? LATOUCHE QUI A DES ENNUIS, MOI, J'APPELLE CELA UNE NOUVELLE DÉ-SO-PI-LANTE!
LA MAMAN DE MONSIEUR LATOUCHE EST DÉCÉDÉE SUBITEMENT LA NUIT DERNIÈRE.
!
327a
SUITE

IL FAUDRAIT UN ÉLÈVE POUR REPRÉSENTER VOTRE CLASSE À L'ENTERREMENT DE LA MAMAN DE MONSIEUR LATOUCHE QUI AURA LIEU APRÈS-DEMAIN, LE 24 DÉCEMBRE.
QUI SE PORTE VOLONTAIRE?
VOUS, DUCOBU?
VOUS N'Y SONGEZ PAS SÉRIEUSEMENT?
VOUS NE CROYEZ PAS QUE VOUS EN AVEZ DÉJÀ ASSEZ FAIT COMME ÇA, NON?
VOTRE VOISINE, LÉONIE GRATIN, ME SEMBLE BIEN MIEUX DÉSIGNÉE POUR REPRÉSENTER DIGNEMENT SES CAMARADES.
LE 24 DÉCEMBRE...
SINCÈRES CONDOLÉANCES, MONSIEUR LATOUCHE!
MERCI, MA PETITE LÉONIE. C'EST GENTIL À VOUS D'ÊTRE VENUE.
QUEL TRISTE NOËL CELA VA ÊTRE POUR CE BON MONSIEUR LATOUCHE!...
FIGUREZ-VOUS QUE, NORMALEMENT, SA MAMAN DEVAIT VENIR FÊTER LE RÉVEILLON CE SOIR CHEZ LUI...
327b
SUITE

JE T'AIME, MAMAN!
POURQUOI DOIT-ON TOUJOURS ATTENDRE QUE LES GENS AUXQUELS ON TENAIT AIENT DISPARU POUR ENFIN TROUVER LES MOTS QU'ON N'A JAMAIS OSÉ LEUR DIRE DE LEUR VIVANT?
HUM! JE FERAIS MIEUX DE DÉMONTER TOUT DE SUITE CE SAPIN.
QU'Y A-T-IL DE PLUS TRISTE QU'UN SAPIN DE NOËL DANS LA MAISON D'UN HOMME SEUL?
PAUVRE PETITE MAMAN! TU AURAIS TELLEMENT VOULU CONNAÎTRE TES PETITS-ENFANTS!
ET MOI, J'AI TELLEMENT DONNÉ POUR MON MÉTIER QUE J'EN AI OUBLIÉ MA VIE PRIVÉE...
DING!
DONG!
ALLONS BON! QUI DONC?...
DU... DUCOBU?
BONSOIR, MONSIEUR LATOUCHE. JE VOULAIS VOUS DIRE... MOI, MA MAMAN, JE NE L'AI PAS CONNUE. ELLE A QUITTÉ MON PAPA ALORS QUE J'ÉTAIS ENCORE TOUT BÉBÉ ET... ELLE ME MANQUE TERRIBLEMENT.
ENFIN, BREF! JE... J'AI PENSÉ QUE VOUS PRÉFÉRERIEZ NE PAS ÊTRE SEUL. SURTOUT UN SOIR COMME CELUI-CI.
JE... C'EST GENTIL À VOUS, DUCOBU. JE SUIS TOUCHÉ. VRAIMENT.
MAIS NE GÂCHEZ PAS VOTRE RÉVEILLON POUR UN VIEUX CÉLIBATAIRE ENDURCI COMME MOI. RETOURNEZ DONC FÊTER NOËL AVEC VOTRE PAPA!
TARATATA! POUR UNE FOIS QUE J'AI TROUVÉ LA SOLUTION À VOTRE PROBLÈME!...
VOUS POUVEZ ENTRER, VOUS AUTRES! JE PENSE QU'IL EN A ENCORE PLUS BESOIN QUE CE QUE J'AVAIS IMAGINÉ!
327c
SUITE

BONSOIR, MONSIEUR LATOUCHE!
BONSOIR, M'SIEUR!
TOU... TOUTE LA CLASSE? VOUS AVEZ RÉUNI TOUTE MA CLASSE, DUCOBU?
J'AI FAIT BEAUCOUP MIEUX. QUAND DUCOBU SE MOUILLE LE MAILLOT, ÇA DÉGOULINE SEC, CROYEZ-MOI!
J'AI AUSSI RETROUVÉ VOS ANCIENS ÉLÈVES. ILS SE SONT TOUS LIBÉRÉS POUR ÊTRE À VOS CÔTÉS CE SOIR.
À PART CELUI QUI EST EN PRISON, BIEN SÛR. POURTANT, CE N'EST PAS LA VOLONTÉ QUI LUI MANQUAIT.
SURPRISE, MONSIEUR LATOUCHE!
BONSOIR, MONSIEUR LATOUCHE!
VOUS ME REMETTEZ, MONSIEUR LATOUCHE? KANULL, VOTRE BÊTE NOIRE?
DUCOBU... JE NE SAIS COMMENT...
OH! ET PUIS SI, QUE JE SAIS COMMENT!
SMUTCH!
JOYEUX NOËL, MONSIEUR LATOUCHE!
LÀ, JE CROIS QUE VOTRE MAMAN AURAIT ÉTÉ DRÔLEMENT FIÈRE DE VOUS, NON?
MAIS ELLE EST FIÈRE, DUCOBU!
JE CROIS MÊME QU'ELLE N'A JAMAIS ÉTÉ AUSSI FIÈRE!
FIN
327d

0/10
L'élève Ducobu
JE PEUX M'INSTALLER ICI?
?
TAPE! TAPE!
TU DOIS RENTRER D'URGENCE CHEZ TOI. PARAÎT QUE TA MÈRE VIENT D'ACCOUCHER.
UN PETIT «FÉLIX» DE 3 KILOS 500.
UN?...
J'AI UN PETIT FRÈ-RE! J'AI UN PETIT FRÈ-RE! J'AI UN P..
MAIS! ...MA MÈRE N'ATTEND PAS DE BÉBÉ!
J'OSE ESPÉRER, DUCOBU, QUE LA RECHERCHE DE MON VOISINAGE N'EST MOTIVÉE QUE PAR DE NOBLES SENTIMENTS!
TIENS! VOUS ÉTIEZ LÀ, CHÈRE VOISINE? COMME ON SE RETROUVE!
PERMETS À PRÉSENT QUE JE ME PLONGEASSE AVEC DÉLECTATION DANS CE TEST D'ÉVALUATION DE DÉBUT D'ANNÉE SCOLAIRE CONCOCTÉ PAR NOTRE VÉNÉRÉ TITULAIRE, MONSIEUR LATOUCHE.
« PLONGEASSEZ-VOUS » SEULEMENT, BELLE SIRÈNE! ÉCLABOUSSEZ-NOUS DE VOTRE SAVOIR!
BON.
HÉ! HÉ! C'EST POUR QUI LA FRICASSÉE DE BONNES RÉPONSES?
UNE... UNE PHOTO?
SI! SI! JE TIENS ABSOLUMENT À AVOIR UN SOUVENIR DE CETTE PRISE.
CE N'EST PAS TOUS LES JOURS QUE L'ON PÊCHE UN POISSON-CHAPARDEUR DE CETTE TAILLE!
318

L'élève Ducobu
6x7
JE VOUS ÉCOUTE, DUCOBU : COMBIEN FONT 6x7 ?
PFFF ! FAUT TOUJOURS QUE VOUS ALLIEZ CHERCHER LES CALCULS LES PLUS TORDUS ! 6x7 ?... 6x7 ?...
VOUS POURRIEZ M'AIDER UN PEU AU LIEU DE ME REGARDER COMME UN CUISINIER SURVEILLANT LA CUISSON D'UNE CÔTELETTE !
V... VOUS AIDER ?
DITES-MOI AU MOINS SI JE BRÛLE OU PAS ?
PAR EXEMPLE, SI JE DIS 6x7 = 97, EST-CE QUE JE BRÛLE ?
LOIN S'EN FAUT ! C'EST GLACÉ.
71 ?
ÇA SE RÉCHAUFFE UN CHOUÏA.
48 ?
AH ! LÀ, VOUS TIÉDISSEZ.
6x7=37 ?
C'EST PLUS FROID À NOUVEAU.
SNAP !
6x7=41 ?
VOUS BRÛLEZ ! VOUS BRÛLEZ !
42 ?
OUIIIIII ! BRAVO, DUCOBU ! JE VOUS METS 10 SUR 10 !
DUCOBU !
DUCOBU !
DUCOBU !
J'AI LA VAGUE IMPRESSION D'AVOIR ÉTÉ POSSÉDÉ QUELQUE PART.
MAIS OÙ ?
329

0/10
L'élève Ducobu
12x2=24 5x2=10
3x9=27 6x7=42
!
DÉCIDEMENT, DUCOBU, COMME COPIEUR, TU ES INCOPIABLE !
PERMETTEZ, CHÈRE VOISINE ! JE NE COPIE PAS, J'AGIS EN "ÉCO-ÉCOLIER" !
EN "ÉCO-QUOI" ?
?
EN "ÉCO-ÉCOLIER". L'"ÉCO-ÉCOLIER", DANS SA PRATIQUE SCOLAIRE QUOTIDIENNE, VEILLE AVEC ACHARNEMENT À LA PRÉSERVATION DE L'ENVIRONNEMENT.
EXEMPLE : IMAGINONS QUE JE COMMETTE UNE FAUTE DANS CETTE INTERROGATION PORTANT SUR LES TABLES DE MULTIPLICATION...
CAS IMPROBABLE S'IL EN EST !
... JE SERAIS ALORS CONTRAINT D'UTILISER L'UN DE CES CORRECTEURS LIQUIDES BOURRÉS JUSQU'AU GOULOT DE SOLVANTS TOXIQUES !
JE TE SIGNALE QUE TU POURRAIS AUSSI ÉCRIRE AU CRAYON, CE QUI TE PERMETTRAIT DE GOMMER LES ÉVENTUELLES ERREURS COMMISES.
ARGH ! UN CRAYON VERNI ET UNE GOMME SYNTHÉTIQUE DANS SON ÉTUI EN PLASTIQUE !?!
VADE RÉTRO, POLLUAX !
OU ALORS BARRER PROPREMENT TES FAUTES POUR ENSUITE INSCRIRE AU-DESSUS LA RÉPONSE EXACTE.
12x2=24
...ET UTILISER CE STYLO À BILLE NON RECHARGEABLE ET CETTE RÈGLE PLATE EN PLASTIQUE FRAGILISSIME !?!
MAIS, MALHEUREUSE, VOUS VOULEZ LA MORT DE LA PLANÈTE ?
TU POURRAIS AUSSI TOUT SIMPLEMENT ÉVITER DE FAIRE DES FAUTES... EN ÉTUDIANT !
N'AJOUTEZ PAS LA GROSSIÈRETÉ À L'ÉCO-INCONSCIENCE, VOULEZ-VOUS !
314

0/10
L'élève Ducobu
?
EH BIEN, DUCOBU, QU'EST-CE QUE VOUS ATTENDEZ POUR FABRIQUER VOTRE CUBE COMME TOUT LE MONDE ?
ET ALLER À L'ENCONTRE DES PRÉCEPTES FONDAMENTAUX DE TOUT ÉCO-ÉCOLIER QUI SE RESPECTE ET RESPECTE SON ENVIRONNEMENT ?
ÉCO-ÉCOLIER
NE COMPTEZ DÈS LORS PAS SUR MOI POUR COMMETTRE CET ACTE DE BARBARIE À L'ENCONTRE DE NOTRE ÉCOSYSTÈME !
DE... DE BARBARIE ?
PRENEZ CETTE FEUILLE DE BRISTOL...
QUOI, CETTE FEUILLE DE BRISTOL ?
ELLE EST EN PAPIER BLANCHI AU CHLORE.
UN ÉCO-ÉCOLIER REFUSE DE TRAVAILLER SUR DU PAPIER QUI NE SOIT PAS DU PAPIER RECYCLÉ À 100% NON BLANCHI !
VOUS SAVEZ COMBIEN D'HECTARES DE FORÊT SONT DÉTRUITS CHAQUE SECONDE DANS LE MONDE ?
BOUGRE DE GRAINE DE COUSTEAU, VOUS N'ÊTES PAS EN CLASSE POUR ÉCONOMISER LES RESSOURCES NATURELLES DE LA PLANÈTE MAIS POUR USER VOS FONDS DE CULOTTES !
PAS DE BRISTOL RECYCLÉ À 100% NON BLANCHI, PAS DE CUBE !
315a
SUITE

LES AUTEURS TIENNENT À PRÉCISER QUE CE GAG N'EST PAS À USAGE UNIQUE ET QU'IL PEUT-ÊTRE RECYCLÉ INDÉFINIMENT SANS NUIRE AUCUNEMENT À NOTRE ÉCOSYSTÈME.

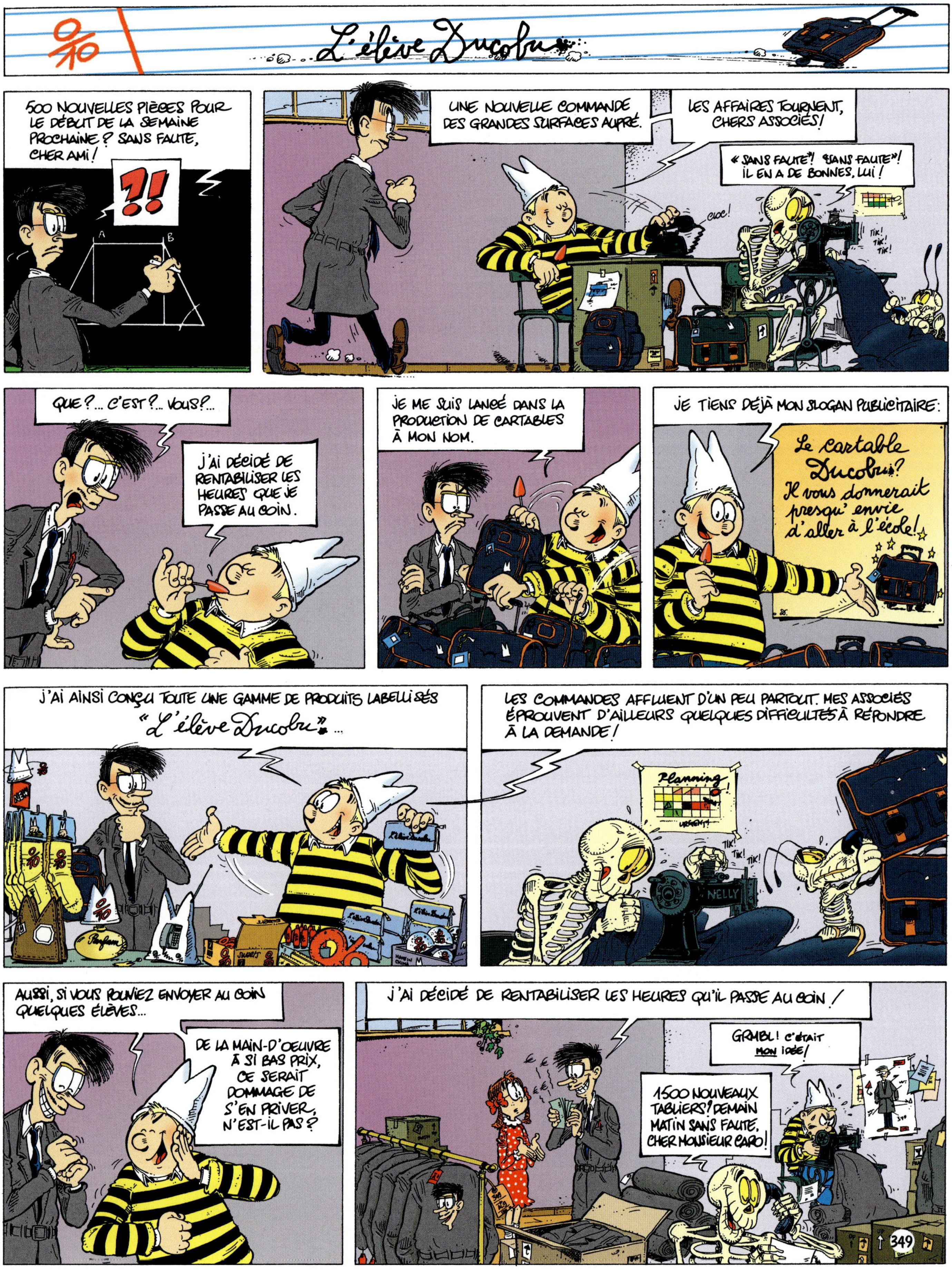
0/10
L'élève Ducobu
500 NOUVELLES PIÈCES POUR LE DÉBUT DE LA SEMAINE PROCHAINE ? SANS FAUTE, CHER AMI !
?!!
UNE NOUVELLE COMMANDE DES GRANDES SURFACES AUPRÉ.
LES AFFAIRES TOURNENT, CHERS ASSOCIÉS !
« SANS FAUTE » ! « SANS FAUTE » ! IL EN A DE BONNES, LUI !
CLOC !
TIK ! TIK ! TIK !
QUE ?... C'EST ?... VOUS ?...
J'AI DÉCIDÉ DE RENTABILISER LES HEURES QUE JE PASSE AU COIN.
JE ME SUIS LANCÉ DANS LA PRODUCTION DE CARTABLES À MON NOM.
JE TIENS DÉJÀ MON SLOGAN PUBLICITAIRE :
Le cartable Ducobu ? Il vous donnerait presqu'envie d'aller à l'école !
J'AI AINSI CONÇU TOUTE UNE GAMME DE PRODUITS LABELLISÉS « L'élève Ducobu »...
Parfum
LES COMMANDES AFFLUENT D'UN PEU PARTOUT. MES ASSOCIÉS ÉPROUVENT D'AILLEURS QUELQUES DIFFICULTÉS À RÉPONDRE À LA DEMANDE !
Planning
URGENT !
TIK ! TIK ! TIK !
NELLY
AUSSI, SI VOUS POUVIEZ ENVOYER AU COIN QUELQUES ÉLÈVES...
DE LA MAIN-D'OEUVRE À SI BAS PRIX, CE SERAIT DOMMAGE DE S'EN PRIVER, N'EST-IL PAS ?
J'AI DÉCIDÉ DE RENTABILISER LES HEURES QU'IL PASSE AU COIN !
GRMBL ! C'ÉTAIT MON IDÉE !
1500 NOUVEAUX TABLIERS ! DEMAIN MATIN SANS FAUTE, CHER MONSIEUR CARO !
349

L'élève Ducobu
DUCOBU!
VOUS ME COPIEREZ 100 FOIS: "LA FEUILLE D'INTERROGATION DE MA VOISINE EST UNE PROPRIÉTÉ PRIVÉE. Y PÉNÉTRER SANS SON AUTORISATION EXPRESSE RELÈVE DE L'EFFRACTION ET EST PASSIBLE D'UNE PEINE DE ZÉRO SUR DIX"!
EN TANT QU'ÉCO-ÉCOLIER, PERMETTEZ-MOI DE M'INSURGER CONTRE CETTE PRATIQUE CONSUMÉRISTE DE LA PIRE ESPÈCE!
ÇA Y EST: "ÉCOLOMAN" REPART EN CROISADE!
AVEZ-VOUS RÉELLEMENT BESOIN DE CETTE PUNITION ?
VOUS EN AVEZ DÉJÀ TELLEMENT QUE VOUS NE SAVEZ PLUS QUOI EN FAIRE!
CEPENDANT, VOUS CONNAISSANT, TEL UN GAMIN INSUPPORTABLE HARCELANT SES PARENTS DANS UNE GRANDE SURFACE, VOUS ME FEREZ TOUTE UNE SCÈNE SI JE NE VOUS LA DONNE PAS, CETTE Xème PUNITION.
POUR FINIR, QUAND DE GUERRE LASSE JE CÉDERAI À VOTRE HORRIBLE CHANTAGE AFFECTIF, C'EST À PEINE SI VOUS Y JETTEREZ UN COUP D'OEIL ET LA MALHEUREUSE PUNITION IRA REJOINDRE SES INNOMBRABLES PRÉDÉCESSEUSES DANS LA POUBELLE.
RÉSULTAT: GASPILLAGE D'ÉNERGIE NON RENOUVELABLE (LA MIENNE) + GASPILLAGE D'ENCRE + GASPILLAGE DE PAPIER = POLLUTION!
SONGEZ-Y: EN ME PUNISSANT, C'EST NOTRE ÉCOSYSTÈME TOUT ENTIER QUE VOUS PUNISSEZ!
...ET N'OUBLIEZ PAS DE TRIER LES DÉCHETS COMPOSTABLES, CEUX EN PAPIER, CEUX EN VERRE ET CEUX EN MÉTAL.
VOUS AVIEZ RAISON, DUCOBU: TANT QU'À PUNIR AUTANT PUNIR ÉCO-UTILE!
316

L'élève Ducobu
9/10
DE TRÈS NOMBREUX ENSEIGNANTS M'ÉCRIVENT AFIN DE ME DEMANDER COMMENT ILS POURRAIENT, À LEUR TOUR, ADOPTER DANS LEUR PRATIQUE PÉDAGOGIQUE QUOTIDIENNE UN COMPORTEMENT PLUS RESPECTUEUX DE NOTRE ÉCOSYSTÈME.
PRENONS, SI VOUS LE VOULEZ BIEN, UN EXEMPLE CONCRET QUI VAUDRA TOUS LES DISCOURS THÉORIQUES DU MONDE : MONSIEUR LATOUCHE !
Quelle belle cueillette nous fîmes : quelques hyménomycètes, des…
?
EN 20 ANS DE CARRIÈRE, CET INSTITUTEUR MÉRITANT AURA PORTÉ L'ART DE NE POINT GASPILLER À UN DEGRÉ DE RAFFINEMENT RAREMENT ÉGALÉ.
Qui ? Moi ?
CELA FAIT 20 ANS EN EFFET QU'IL RECYCLE LA MÊME PÉDAGOGIE SURANNÉE !
!
20 ANS QU'IL RECYCLE SANS VERGOGNE LES MÊMES LEÇONS !
TAISEZ-VOUS, MALHEUREUX ! L'INSPECTEUR PÉDAGOGIQUE POURRAIT VOUS ENTENDRE !
POF ! POF !
PAS LE MOINDRE EMBALLAGE LUDIQUE. PAS LE MOINDRE COLORANT DE PLAISIR. PAS LE MOINDRE VERNIS DE MODERNITÉ. AH ÇA, NON !
SON ENSEIGNEMENT, C'EST DU SOLIDE, DE L'IMMUABLE. BREF, DU 100 % BIODÉGRADABLE.
CHAQUE RENTRÉE SCOLAIRE, NOTRE BRAVE HOMME RECHARGE SA CLASSE DE NOUVEAUX ÉLÈVES ET C'EST REPARTI POUR UN TOUR !
IL POUSSE MÊME LA CONSCIENCE ÉCOLOGIQUE JUSQU'À RÉUTILISER PLUSIEURS ANNÉES DE SUITE LE MÊME ÉLÈVE. MOI !
BREF, AMIS ENSEIGNANTS, POUR NE PAS POLLUER LE CERVEAU DE VOS ÉLÈVES, PENSEZ DE TEMPS EN TEMPS À VOUS RECYCLER !
J'AI ICI UNE LETTRE D'UNE DIRECTRICE D'ÉCOLE QUI AIMERAIT SAVOIR SI TU SERAIS D'ACCORD DE DONNER UNE CONFÉRENCE PÉDAGOGIQUE DANS SON ÉTABLISSEMENT...
317

L'élève Ducobu
Bénévole adj. et n. (lat. benevolus, de bene, bien, et volo, je veux). Qui fait quelque chose sans être rémunéré, sans y être tenu.
QUI PEUT ME DONNER UN EXEMPLE DE PERSONNE BÉNÉVOLE ?
OUI, MA PETITE LÉONIE ?
LES BÉNÉVOLES DE LA CROIX-ROUGE, MONSIEUR !
TRÈS BIEN, MA PETITE LÉONIE !
QUELQU'UN PEUT-IL ME DONNER UN AUTRE EXEMPLE DE PERSONNE BÉNÉVOLE ?
EUH !... OUI, DUCOBU ?
LE MEILLEUR EXEMPLE DE BÉNÉVOLE, C'EST MOI !
V... VOUS ?
BEN OUI ! JE VIENS ICI TOUS LES JOURS DE LA SEMAINE. JE TRAVAILLE COMME UNE BÊTE DE SOMME...
IL TRAVAILLE !
ET JE NE REÇOIS PAS LE MOINDRE PETIT SALAIRE.
C'EST-Y PAS DU BÉNÉVOLAT PUR JUS, ÇA ?
J'AJOUTERAIS QUE, COMME TOUT BÉNÉVOLE QUI SE RESPECTE, JE SUIS TROP SOUVENT VICTIME DU DÉDAIN DES CLASSES DIRIGEANTES !
VIVE LE BÉNÉVOLAT ! LUTTONS CONTRE LA MARCHANDISATION DES RELATIONS HUMAINES !
302

L'élève Ducobu
Or donc, ce jour-là le Duc de Bellebouille parcourait le royaume d'Éolie en compagnie de Néness, son inséparable palefrenier.
COMMENT ÇA « PALEFRENIER » !?
ET POURQUOI JE NE SERAIS PAS CHEVALIER, MOI AUSSI ?
C'EST QUI LE SCÉNARISTE DE CETTE BÉDÉ ? TOI OU MOI ?
TOI ! MAIS C'EST MOI QUI LA DESSINE !
ALORS, SI TU NE VEUX PAS QUE TON DUC DE BELLENOUILLE, LÀ, IL SOIT COUVERT DE PUSTULES, T'AS INTÉRÊT À M'ADOUBER VITE FAIT CHEVALIER !
D'ACCORD ! D'ACCORD ! J'ADOUBE !
Or donc, ce jour-là, le Duc de Bellebouille parcourait le royaume d'Éolie en compagnie du Chevalier Néness de la Coignure, son inséparable compagnon d'armes.
Bientôt, nos deux vaillants chevaliers furent en vue des grottes de Kikadizé où, selon la légende, étaient conservées les réponses aux questions de toutes les interrogations passées, présentes et futures.
Mais le trésor était jalousement gardé par un effroyable dragon.
« UN DRAGON » !? COMMENT ÇA « UN DRAGON » !?
297a

SUITE

0/10
L'élève Ducobu
C'EST MOI LE SCÉNARISTE DE CETTE BÉDÉ! C'EST MOI QUI DÉCIDE CE QUI S'Y PASSE!
PEUT-ÊTRE, MAIS LA COLORISTE, C'EST MOI! ALORS SI TU NE VEUX PAS QUE TON DUC SOIT VERT À POIS ROSES, TU AS INTÉRÊT À MODIFIER TON SCÉNARIO!
GRR! JE VOUS PRÉVIENS, CE N'EST PAS EN M'INTERROMPANT TOUT LE TEMPS QU'ON VA L'AVOIR FINIE À TEMPS, CETTE BÉDÉ POUR LE CONCOURS INTERSCOLAIRE!
Devant les grottes de Kikadize, la jeune et jolie Princesse Léonie de la Gratinerie était retenue prisonnière...
VOILÀ QUI EST MIEUX!
C'était encore une infamie de l'abominable Chevalier Gris, la terreur du royaume d'Écolie!
DOIS-JE VOUS RAPPELER, MÔSSIEUR LE SCÉNARISTE, QUE C'EST MOI QUI ASSURE LA CORRECTION ET LE LETTRAGE DE VOTRE BÉDÉ?
AUSSI, J'EXIGE D'Y TENIR UN RÔLE VALORISANT!
QUE NE SUIS-JE NÉ AUTEUR COMPLET COMME HERGÉ OU WALT DISNEY!
C'EST TOUJOURS LA MÊME CHOSE DANS LES BÉDÉS: LES SQUELETTES SONT SYSTÉMATIQUEMENT CANTONNÉS DANS DES RÔLES SUBALTERNES!
ET POURQUOI C'EST TOUJOURS LA JOLIE PRINCESSE QUI EST CAPTIVE ET JAMAIS LE CHEVALIER?
JE TROUVE EN OUTRE QUE POUR LE RÔLE PRINCIPAL, UN HOMME D'ÂGE MÛR CONVIENDRAIT MIEUX!
BON. J'AI COMPRIS. FINALEMENT, LE MOYEN ÂGE N'EST PAS LA PÉRIODE IDÉALE.
ON REPREND À ZÉRO!
OR DONC CE JOUR-LÀ, DUCOBUZZ LE CANCRE DE L'ESPACE PARCOURAIT LA CONSTELLATION D'ÉCOLIA EN COMPAGNIE DE N.N.S. SON FIDÈLE ET SERVILE ROBOT.
«SERVILE»! COMMENT ÇA «SERVILE»!?
FIN?
297b

SI SI, TU VERRAS DUGOBU, CE SERA UN PORTRAIT CRIANT DE VÉRITÉ !
321

L'élève Ducobu
CE MATIN-LÀ, À LA PREMIÈRE HEURE DE COURS...
J'AI CORRIGÉ L'INTERROGATION ÉCRITE D'HIER SUR LES TABLES DE MULTIPLICATION.
TOUT LE MONDE A OBTENU D'EXCELLENTS RÉSULTATS.
EXCEPTION FAITE, BIEN SÛR, DE NOTRE "ZÉRO" NATIONAL!
QUELQU'UN VEUT-IL BIEN DISTRIBUER LES COP...?!
IL EST MIGNON TOUT PLEIN!
COMMENT S'APPELLE-T-IL?
MANUEL. IL VIENT D'AVOIR 9 MOIS.
!?
DAGABABU!
ÇA Y EST, DUCOBU! SON PETIT POT EST CHAUD.
C'EST POUR QUI LA BONNE PURÉE DE CHOUX DE BRUXELLES À LA LANGUE DE BOEUF? C'EST POUR MANUEL!
ABAGA!
QU... QU'EST-CE QUE C'EST QUE C'EST QUE ÇA?
BEN, UN BÉBÉ!
JE LE VOIS BIEN QUE C'EST UN BÉBÉ! MAIS QU'EST-CE QUE CE BÉBÉ FAIT DANS MA CLASSE?
305a
SUITE

L'élève Ducobu
WAAAA
ÉVITEZ DE CRIER AINSI, MONSIEUR LATOUCHE! ÇA L'EFFRAIE.
LÀ! LÀ! C'EST TOUT, MANUEL! IL EST PARTI, LE VILAIN MONSIEUR TOUT GRIS!
SNIRFL! SNIRFL!
C'EST POUR MON EXPOSÉ DE TOUT À L'HEURE SUR LES QUADRUPÈDES.
C'EST VOUS-MÊME QUI AVEZ DIT QUE L'ON POUVAIT APPORTER DE QUOI ILLUSTRER SON EXPOSÉ.
LES QUAQUA?... LES DRUDRU?... LES PÉPÈDES? MAIS QUEL EST LE RAPPORT ?
BEN, IL MARCHE À QUATRE PATTES, NON? C'EST DONC BIEN UN QUADRUPÈDE.
ALLEZ RENDRE IMMÉDIATEMENT CET ENFANT À SES PARENTS!
CHUUUUUT!
ALLEZ RENDRE IMMÉDIATEMENT CET ENFANT À SES PARENTS!
IMPOSSIBLE! ILS EN ONT PROFITÉ POUR PARTIR EN AMOUREUX À LA MER! ILS VIENDRONT RECHERCHER MANUEL À LA FIN DES COURS.
VOUS VOULEZ DIRE QUE CE... CET ENFANT VA RESTER ICI TOUTE LA JOURNÉE!?
ON NE PEUT TOUT DE MÊME PAS LE LAISSER À LA RUE, HEIN, MONSIEUR LATOUCHE ?
NE VOUS EN FAITES PAS: MANUEL EST TRÈS SAGE. C'EST À PEINE SI VOUS REMARQUEREZ SA PRÉSENCE!
DABA!
SLOPFTCH!
?
305b
SUITE

L'élève Ducobu
GRMBL! BIEN. COMMENÇONS PAR LA LEÇON DE POÉSIE. AUJOURD'HUI, NOUS ÉTUDIERONS UN GRAND CLASSIQUE DE JEAN DE LA FONTAINE: "LE CORBEAU ET LE RENARD."
MAÎTRE CORBEAU SUR UN ARBRE PERCHÉ
TENAIT EN SON BEC UN FROMAGE
MAÎTRE RENARD, PAR L'ODEUR ALLÉCHÉ,
LUI TINT À PEU PRÈS CE LANGAGE:
BRÔÔÔÔ!
C'EST BIEN, IL A FAIT SON ROT.
IL A FAIT UN BEAU ROTOTO, LE MANUEL! IL A FAIT UN BEAU ROTOTO!
BON. J'AI COMPRIS! JE RETRANSCRIS LE POÈME DE JEAN DE LA FONTAINE AU TABLEAU. VOUS, VOUS LE RECOPIEZ.
ET GARE À CELUI QUI ÉMET ENCORE LE MOINDRE SOUPIR!
VLAM!
WAYAYAÏE!
COMME C'EST ÉMOUVANT! IL ESSAIE DÉJÀ DE SE METTRE DEBOUT.
VOUS!.. VOUS!..
BEN QUOI, MANUEL A BIEN LE DROIT DE SE DÉGOURDIR UN PEU LES JAMBES, NON? PFFF! FAUT VRAIMENT QUE VOUS VOUS ÉNERVIEZ POUR UN RIEN, VOUS ALORS!
NON, BÉBÉ! NE TOUCHE PAS À ÇA!
SPLATT!
TRIGLIGDIG!
VILAIN BÉBÉ QUI A RENVERSÉ LA BOÎTE DE CRAIES DE MONSIEUR LATOUCHE!
?
À PRÉSENT, PRENEZ TOUS VOTRE MANUEL DE GRAMMAIRE ET FAITES LES EXERCICES 13 À 4659!
JE NE VEUX ÊTRE DÉRANGÉ SOUS AUCUN PRÉTEXTE!
?
305c
SUITE

L'élève Ducobu
VOUS PERMETTEZ ?
ON PEUT S'INSTALLER SUR VOTRE BUREAU POUR LE CHANGER ?
NOTRE PUPITRE EST TROP ÉTROIT, IL RISQUERAIT DE TOMBER.
KIPERS
QUI QUI N'A FAIT N'UN GROS CACA QUI PUE ? C'EST MANUEL !
DABA !
HOULÀLÀ ! TATA LÉONIE VA METTRE DE LA BONNE CRÈ - CRÈME SUR LES PETITES FESSES TOUTES ROUGES DE BÉBÉ ?
NON, MANUEL ! NE METS PAS LE BIC DE MONSIEUR LATOUCHE EN BOUCHE, TU POURRAIS ATTRAPER DES MALADIES !
GNAP !
ET NE DÉCHIRE PAS LE JOURNAL DE CLASSE DE MONSIEUR LATOUCHE. BÉBÉ ! CE N'EST PAS BIEN !
HI ! HI ! REGARDEZ, CHÈRE VOISINE ! IL SE PREND POUR « MANUKENPISS » !
DAYA !
PZZZ !
PZZZ !
VILAIN BÉBÉ QUI FAIT PIPI DANS LE CARTABLE DE MONSIEUR LATOUCHE !
ET MAINTENANT, UN BON GROS DODO !
C'EST UN VRAI BONHEUR, UN BÉBÉ PAREIL !
NOUS ALLONS À PRÉSENT ENTAMER LA CORRECTION DES EXERCICES DE GRAMMAIRE QUE VOUS VENEZ DE...
FAIS DODO MANU, MON PETIT FRÈRE !
305d
SUITE

L'élève Ducobu
MN
PAR PITIÉ ! DUCOBU !
DAGADA !
FAIS DODO T'AURAS DES ZÉROS !
BADA ! BADA !
RIEN À FAIRE ! IL NE PARVIENT PAS À S'ENDORMIR !
JE SAIS CE QU'IL LUI FAUT !
QUE JE QUOI ?
VOUS VOULEZ QU'IL S'ENDORME, OUI OU NON ?
GRMBL ! "Quelle belle cueillette nous fîmes DEUX POINTS quelques hyménomycètes VIRGULE des hypholomes...
...et un hydne imbriqué ma foi fort appétissant POINT FINAL "
ÇA Y EST ! IL S'EST ENDORMI.
JE LE SAVAIS : IL N'Y A PAS DE MEILLEUR SOMNIFÈRE QUE VOS DICTÉES !
...IL EST MIGNON QUAND IL DORT !
!
MA CRAVATE ! IL A ATTRAPÉ MA CRAVATE !?
AH ÇA ! MANUELA A TOUJOURS BESOIN D'UN VIEUX BOUT DE TISSU À SUCER POUR S'ENDORMIR.
SURTOUT NE TIREZ PAS TROP BRUSQUEMENT, MONSIEUR LATOUCHE ! VOUS RISQUERIEZ DE LE RÉVEILLER !
MAIS... EUH ! COMMENT VAIS-JE FAIRE ALORS ?
... LES BOMBES SE MIRENT ALORS À PLEUVOIR SUR BERLIN DANS UN VACARME ASSOURDISSANT !
BERLIN
POTSDAM
305e
SUITE

L'élève Ducobu
...combien de temps mettra ce T.G.V. pour rejoindre la gare terminus située à 293,7 kilomètres sachant qu'un mouvement de grève spontané du personnel navigant...
EUH!... MONSIEUR LATOUCHE, J'AI TERMINÉ TOUS LES CALCULS.
EH BIEN, REFAITES-LES UNE DEUXIÈME FOIS PAR ACQUIT DE CONSCIENCE! VOUS VOYEZ BIEN QUE JE SUIS OCCUPÉ!
BREF! QUAND VINT L'HEURE DE L'EXPOSÉ DE DUCOBU...
...EUH! LES QUADRUPÈDES ONT 4 PATTES... EUH!... SAUF QUAND ILS N'EN ONT QUE 3, ALORS ON LES APPELLE DES TABOURETS ET...
... MONSIEUR LATOUCHE NE FUT PAS DES PLUS IMPARTIAL AU MOMENT DE COTER LA PRESTATION DU CÉLÈBRE CANCRE À RAYURES.
TRÈS MIGNON, VOTRE EXPOSÉ, DUCOBU! PAS TRÈS DOCUMENTÉ, MAIS TRÈS MIGNON!
JE VOUS METS 7 SUR 10.
DABIBI!
AINSI SE TERMINA LA PREMIÈRE JOURNÉE D'ÉCOLE - UN RIEN PRÉMATURÉE - DU PETIT MANUEL.
ALLONS, MONSIEUR LATOUCHE! VOUS POUVEZ COMPTER SUR MOI POUR TROUVER UNE OCCASION QUELCONQUE DE RAMENER MANUEL EN CLASSE.
QUI SAIT PLUS TARD, VOUS L'AUREZ PEUT-ÊTRE COMME ÉLÈVE?
PAPA!
MAIS VOUS PENSEZ BIEN QUE TOUT CELA AVAIT FAIT QUELQUES JALOUX. ET LE LENDEMAIN MATIN...
ASSEYEZ-VOUS ET PRENEZ UNE FEUILLE!
!?
!!
BEN QUOI! C'EST POUR ILLUSTRER MON EXPOSÉ DE GÉOGRAPHIE SUR LES COURBES DE NIVEAU!
MOI, C'EST POUR ILLUSTRER MON EXPOSÉ DE SCIENCES SUR LE GAZ CARBONIQUE!
MOI, C'EST POUR MA DÉCLAMATION «LE LOUP ET L'AGNEAU»!
EH BIEN, DUCOBU, ON DIRAIT QUE TU AS FAIT DES ÉMULES!
QUOI DE PLUS NATUREL POUR UN ÂNE, CHÈRE VOISINE?
FIN

L'élève Ducobu
之作弊大王
DUCOBU, TU SAIS CE QUE TU ES ET QUE TU SERAS TOUJOURS ?
UN SALE COPIEUR !
ON A DIT LA MÊME CHOSE EN MÊME TEMPS, ON DOIT FAIRE « CRIC ! CRAC ! CROC ! » !
CRIC ! CRAC ! QUOI ?
?
« CRIC ! CRAC ! CROC ! »
D'ABORD ON CROISE UN PETIT DOIGT, COMME ÇA...
ENSUITE, ON FERME LES YEUX ET ON PENSE TRÈS, TRÈS FORT À UN VOEU...
CE PEUT-ÊTRE UN VOEU QUI TE CONCERNE AUSSI ?
ÇA Y EST ? TU AS UN VOEU EN TÊTE ?
HU ! HU ! HU !
À PRÉSENT, JE VAIS COMPTER JUSQU'À TROIS...
À "3", CHACUN LANCE : « CRIC ! » « CRAC ! » OU « CROC ! »
SI ON LANCE LA MÊME CHOSE EN MÊME TEMPS, CELA SIGNIFIE QUE VOTRE VOEU VA SE RÉALISER.
1 ! 2 ! 3 !
CRAC !
CRIC !
RATÉ !
SOUPIR ! QUEL DOMMAGE ! MON VOEU ÉTAIT TELLEMENT... TELLEMENT... ROMANTIQUE !
MON VOEU À MOI ÉTAIT BEAUCOUP PLUS TERRE-À-TERRE ET, BIZARREMENT, IL EST EN TRAIN DE SE RÉALISER !
299

9/10
L'élève Ducobu
DUCOBU!
JE SAIS! JE SAIS!
AU COIN!
ON A DIT LA MÊME CHOSE EN MÊME TEMPS! IL FAUT FAIRE "CRIC! CRAC! CROC!"
"CRIC! CRAC! CROC!"? MAIS JE CONNAIS CE JEU! J'Y JOUAIS QUAND J'ÉTAIS PETIT!
ON DOIT SE TENIR PAR LE PETIT DOIGT, PENSER À UN VOEU, PUIS LANCER «CRIC!», «CRAC!» OU «CROC!», C'EST CELA?
INCROYABLE! L'ENFANT QUI EST EN VOUS N'EST DONC PAS TOTALEMENT MORIBOND!
ATTENDEZ! IL FAUT QUE JE RÉFLÉCHISSE AU VOEU QUE JE VAIS FAIRE!...
MOI AUSSI!
J'AI CHOISI MON VOEU! NIÈRGH! NIÈRGH!
J'AI CHOISI MON VOEU! NIARCK! NIARCK!
C'EST MOI QUI COMPTE JUSQUE TROIS!
VOUS ÊTES CERTAIN DE POUVOIR Y ARRIVER?
À TROIS, IL FAUT LANCER: «CRIC!», «CRAC!» OU «CROC!»
1! 2! 3!
CROC!
croc?
croc?
ÇA A MARCHÉ! ON A DIT «CROC!» EN MÊME TEMPS!
HÉ! HÉ! MON VOEU VA SE RÉALISER!
LE PROBLÈME AVEC VOUS, DUCOBU, C'EST QUE MÊME VOS VOEUX SONT DÉBILES!
PARCE QUE LE VÔTRE ÉTAIT SUBTIL, PEUT-ÊTRE?
300

0/10
L'élève Ducobu
VOICI VOTRE INTERROGATION PORTANT SUR LA MULTIPLICATION...
CHIC! ÇA A L'AIR ARDU À SOUHAIT!
ET N'ESSAYEZ PAS ENCORE DE TRICHER, DUCOBU, OU VOUS VOUS EN MORDREZ LES DOIGTS!
TRICHER?! MOI!?!
25 x 32 =
6 x 746 =
55 x 22 =
33 x 40 =
50 x 40 =
658 x 2 =
457 x 5 =
51 x 11 =
LE MOMENT EST VENU DE VOUS PRÉSENTER MA DERNIÈRE ACQUISITION : LA TROUSSE À ANTISÈCHES!
L'élève Ducobu
CETTE TROUSSE EST SPÉCIALEMENT ÉTUDIÉE POUR PRÉSERVER VOS ANTISÈCHES DES REGARDS INDISCRETS.
ACCESSOIREMENT, ELLE PEUT AUSSI SERVIR À RANGER GOMME, FEUTRES ET CRAYONS.
AVEC MA TROUSSE ANTISÈCHES, LE SPECTRE DU 0/10 S'ÉLOIGNE À TOUT JAMAIS DE MOI!
DÉMONSTRATION!
AAYAYOUILLE!
?!
KNIK!
C'EST À SE DEMANDER, DUCOBU, COMMENT UNE SI PETITE BÊTE A SU TRANSPORTER TANT DE BANDELETTES DE PAPIER DANS TA TROUSSE POUR Y FAIRE SON NID!
QUE NE FERAIT-ON PAS POUR ASSURER SA SURVIE!...
350

0/10
L'élève Ducobu
IL Y A QUATRE SAISONS DANS L'ANNÉE : LE PRINTEMPS, SAISON DES FLEURS ET DES OISEAUX DANS LEURS NIDS. LES ENFANTS JOUENT GAIEMENT DANS LES JARDINS, GORGEANT LEURS POUMONS D'AIR REVIGORANT ;
L'ÉTÉ, SAISON DES MOISSONS ET DES FRUITS. LES ENFANTS JOUENT GAIEMENT SUR LA PLAGE GORGÉE DE SOLEIL ;
L'AUTOMNE, SAISON DU VENT ET DES FEUILLES MORTES. LES ENFANTS JOUENT GAIEMENT DANS LES FEUILLES MORTES DU SOUS-BOIS BAIGNÉ D'UNE DOUCE LUMIÈRE ;
ET ENFIN L'HIVER, SAISON DES FÊTES FAMILIALES ET DU FEU DANS LA CHEMINÉE. LES ENFANTS JOUENT GAIEMENT DANS LA NEIGE ÉBLOUISSANTE SOUS LES RAYONS DU SOLEIL.
TRÈS BIEN ! 10 SUR 10, LÉONIE !
VOYONS À PRÉSENT SI, PAR MIRACLE, DUCOBU A LUI AUSSI ÉTUDIÉ SA LEÇON SUR LES SAISONS.
IL Y A DEUX SAISONS DANS L'ANNÉE : LA VERSE, SAISON DES PLUIES INCESSANTES ET DES GROS RHUMES. LES ENFANTS JOUENT TRISTEMENT DANS LEUR CHAMBRE SUR LEUR CONSOLE VIDÉO, GORGEANT LEURS POUMONS D'AIR VICIÉ.
!?
ET ENFIN LA CALMIE, SAISON DES ÉCLAIRCIES ET DES SOURIRES RETROUVÉS. LES ENFANTS SE PRÉCIPITENT POUR JOUER GAIEMENT DANS LE JARDIN GORGÉ D'EAU.
HÉLAS ! CETTE SAISON NE DURE QUE QUELQUES HEURES. CAR VOICI DÉJÀ QUE RECOMMENCE LA VERSE QUI, DE LONGS MOIS DURANT, RENVERRA LES ENFANTS À LEURS JEUX MOROSES.
SOB !...
À LA RÉFLEXION, CE SERA ZÉRO POUR LÉONIE GRATIN ET DIX SUR DIX POUR DUCOBU !
MAIS ! MAIS ! IL Y A UN INSTANT ENCORE...
QUE VOULEZ-VOUS, CHÈRE VOISINE, UN INSTITUTEUR, C'EST AUSSI INSTABLE QUE LE TEMPS !
SCRATCH ! SCRATCH !
291

L'élève Ducobu
9x6= 54
5x7 = 35
3x11 = 33
4x9 = 36
9x8 = 72
5x9=45
4x3 = 12
5x12 = 60
9x13=117
Plic! plic! plic!
Plic! plic! plic!
COULE! COULE! COULE!
PSII PSII PSII PSII PSII PSII!
PSCHIIII!
MONSIEUR! JE PEUX ALLER AU PETIT ENDROIT? EUH! ÇA PRESSE!
!?
MAIS BIEN SÛR, LÉONIE!
VIIIIIITE!
COMME QUOI, QUAND ON A UN BESOIN PRESSANT, ON PEUT TOUJOURS COMPTER SUR LA TECHNOLOGIE MODERNE!
Clic!
PSCHIII!
311

?
ÉTONNANT, DUCOBU, CETTE PROPENSION QUE VOUS AVEZ À PRENDRE DU POIDS EN PÉRIODE D'EXAMENS !
HÉ ! HÉ ! EUH !... SANS DOUTE, LE POIDS DES CONNAISSANCES QUE J'AI INGURGITÉES.
NE SERAIT-CE PAS PLUTÔT CES ANTISÈCHES QUI VOUS ALOURDISSENT ?
TIENS ? QU'EST-CE CELA ? JE NE COMPRENDS PAS ! DES PELLICULES PEUT-ÊTRE ?...
DÉSHABILLEZ -VOUS !
6 x 7 = 42
3x9 = 27
9x8 = 72
PITIÉ ! CELA M'A PRIS DES JOURNÉES ENTIÈRES POUR PRÉPARER CES ANTISÈCHES !
PARFOIS, DUCOBU, JE ME DEMANDE POURQUOI TU TE DONNES TANT DE MAL POUR RIEN.
QUE VOULEZ-VOUS, CHÈRE VOISINE ? C'EST CELA LA NOBLE INCERTITUDE DU SPORT !
333

0/10
L'élève Ducobu
TENEZ! TENEZ!
LAISSEZ-MOI DEVINER, DUCOBU!...
NE SERAIT-CE PAS AUJOURD'HUI QUE NOUS AVONS INTERROGATION DE GÉOGRAPHIE?
PAR LE PLUS GRAND DES HASARDS...
AUJOURD'HUI? V... VOUS CROYEZ?
EH BIEN, CONSIDÉREZ D'ORES ET DÉJÀ QUE VOTRE COTATION SE SITUERA TRÈS PRÉCISÉMENT EN LATITUDE ZÉRO, LONGITUDE ZÉRO!
BEN! COMMENT IL A FAIT POUR DEVINER?
DÉCIDÉMENT CE TYPE EST TROP FORT!
Finlande
Russie
Suède
Norvège
Danemark
Irlande
Lettonie
Lituanie
Biélorussie
Allemagne
Pologne
Luxembourg
Ukraine
France
Suisse
Roumanie
Portugal
Espagne
Italie
Bulgarie
Grèce
Turquie
334

L'élève Ducobu
WILMAAA!
WHI! HI!
Chips
LA PRÉHISTOIRE
AH! AH!
Astérix
LES GAULOIS
HAPPY CASTLE
YAHOUUU!
LE MOYEN ÂGE
COLOMBUS
BHEUHAHEU!
LES GRANDES DÉCOUVERTES
NAPO NAPO NAPO NAPOLÉON! S'IL AVAIT FAIT DE LA MUSIQUE, IL N'AURAIT PAS JOUÉ DU TROMBLON!
NAPO NAPO NAPO NAPOLÉON!
LE PREMIER EMPIRE
HAN!
LA COMMUNAUTÉ EUROPÉENNE
ET POURTANT, CETTE FOIS, VOUS ÊTES TÉMOINS, J'AVAIS POTASSÉ MON SUJET À FOND LES PISTONS!
10/10
0/10
286

0/10
L'élève Ducobu
PFFFU! DEUX LONGS MOIS ENFERMÉ ICI DEDANS!...
CE N'EST PAS MARRANT TOUS LES JOURS, LA VIE DES MORTS!
WIF!
HI! HI! J'AI UNE IDÉE!
KNIP! KNIP!
WIF?
TORD! TORD!
PLAK! PLAK!
DUCOBU, VOUS ÉLEVEZ LA MÉDIOCRITÉ AU RANG D'ART!!
WIF!
VOUS FERIEZ MIEUX DE PRENDRE EXEMPLE SUR VOTRE VOISINE, LA TRÈS « DIX-TINGUÉE » LÉONIE GRATIN!
MA LÉGION D'HONNEUR À MOI! QUE DIS-JE MA LÉGION D'HONNEUR? MON PRIX NOBEL À MOI!
« Quelle belle cueillette nous fîmes : quelques hyménomycètes POIL AU PÉPÈTE! ,des hypholomes POIL AU LIPOME! ,des helvelles POIL AUX AISSELLES!... »
WIF! WIF!
...des géasters fimbriés POIL AU... GLUPS!
J'AI OUBLIÉ DE REPRENDRE QUELQUES CAHIERS À CORRIGER DURANT MES VACANCES.
POIL AU COUP DE PIED OÙ JE PENSE!
PFFFU! DEUX LONGS MOIS ENFERMÉ ICI DEDANS!...
WIIIIIFF! WIIIIIFF!
322

0/10
L'élève Ducobu
BONJOUR, MADEMOISELLE SÉPIA!
ALORS, MONSIEUR LATOUCHE, CE SONT ENFIN LES GRANDES VACANCES?
OUI. JE VAIS POUVOIR FAIRE LE VIDE!
TIENS! UNE LETTRE DE DUCOBU.
C'EST GENTIL, ÇA!
Monsieur Latouche
77, place Général Krakededan
9809 Ainterneau-les-Bains
DANS LE FOND, IL N'EST PAS SI MAUVAIS QUE ÇA, LE BOUGRE!
Cher Monsieur Latouche, Permettez-moi de vous souhaiter d'agréables vacances.
Surtout ne pensez pas que d'ici deux tout tout petits mois, ce sera déjà la rentrée scolaire.
Oubliez que, ce jour-là, comme chaque année, vous me retrouverez parmi vos élèves. Jour de classe après jour de classe. Heure de cours après heure de cours.
Ne songez pas à toutes les "ducobuseries" que je vous ferai subir. Jour de classe après jour de classe. Heure de cours après heure de cours.
Et profitez bien de vos (très courtes) vacances! Ducobu
VENGÉ!
RIK
293

CONFISQUÉ!
NAOON!
TOUT MAIS PAS ÇA! JE FERAI MES DEVOIRS, J'APPRENDRAI MES TABLES DE MULTIPLICATION, J'ARRÊTERAI DE TRICHER SUR MA VOISINE. MAIS PAR PITIÉ, NE CONFISQUEZ PAS MON TREMPLIN!
TREMPLIN
Chaque semaine retrouve Ducobu dans
TREMPLIN

CONFISQUÉ !
NAOON ! TOUT MAIS PAS ÇA ! JE FERAI VOS DEVOIRS À VOTRE PLACE, JE NE VOUS ENVERRAI PLUS AU COIN, JE VOUS METTRAI PLEIN DE 10/10 MAIS, PAR PITIÉ, NE CONFISQUEZ PAS MON JOURNAL DE MICKEY !
LE JOURNAL MICKEY
Ton stylo-plume MICKEY
Tes 7 professeurs de rêve
ART ATTACK
+ ton poster-jeu
Chaque semaine retrouve Ducobu dans
LE JOURNAL DE MICKEY

a)

$7 \times 7 =$

$6 \times 6 =$

$3 \times 2 =$

$4 \times 5 =$

$6 \times 7 =$

$8 \times 9 =$

$7 \times 3 =$

$4 \times 9 =$

$8 \times 8 =$

$4 \times 3 =$

b)

$8 \times 2 \times 4 =$

$11 \times 5 \times 22 =$

$7 \times 6 =$

$9 \times 8 =$

$5 \times 8 =$

$18 \times 3 =$

$7 \times 11 =$

$11 \times 10 =$

$18 \times 10 =$

$5 \times 7 =$